AF258054

# RÉFLEXIONS

*Sur la Lettre du Citoyen BERNARD,*
*au Représentant du Peuple BARBÉ-*
*MARBOIS, relativement aux dépenses*
*de la Guerre.*

DANS une brochure adressée par le citoyen Bernard au représentant du peuple Barbé-Marbois, dont l'objet apparent est de dévoiler les dilapidations qui se sont commises dans les dépenses de la guerre, l'on remarque que l'auteur s'est plus occupé de lancer, dans le public, une diatribe virulente contre le ministre Petiet, de rejeter tout le mal sur son inexpérience, d'attaquer même sa probité, que d'indiquer le remède au désordre dont il se plaint.

C'est s'aveugler volontairement que de ne pas découvrir, dans des époques antérieures au ministère actuel, la source du discrédit du gouvernement et de toutes les mauvaises opérations qu'il a nécessitées.

Il y a une injustice révoltante à rendre ce

A

ministre responsable des temps, lorsque les temps seuls sont coupables.

L'expérience la plus consommée est une ressource à peu près nulle pour un ministre qui n'a pas, dans ses mains, les trois choses que *Trivulce* regardait comme absolument nécessaires pour faire la guerre, l'argent, l'argent, et encore l'argent; tout son talent se borne alors, non pas à faire les marchés les plus avantageux, mais les moins ruineux possibles : dans l'impuissance de faire la loi, il la reçoit; ceux qui traitent avec lui calculent leurs conditions sur l'incertitude des valeurs que l'Etat est forcé de leur livrer, et vendent fort cher des services dont il ne peut se passer; l'embarras du moment accroît celui du moment qui suit, et tout tombe dans la confusion.

Le grand désordre amène ensuite le grand ordre, mais il est de l'un à l'autre un passage qu'on ne franchit pas aisément.

Le ministre de la guerre a eu le courage de le tenter; c'est beaucoup; ne le blâmons point de n'avoir pas encore atteint ce but salutaire, au milieu des obstacles presque insurmontables qu'il y rencontre.

Il est incontestable, que depuis son entrée au ministère, il a fait de grandes économies, auxquelles on ne devait pas s'attendre ; par-tout le prix des vivres a diminué de moitié , celui des fourrages des deux tiers , même des trois quarts dans beaucoup de départemens.

Les abus sur les consommations ont également subi une réforme considérable.

Il est de fait que , dans telle armée , par exemple , où la consommation des fourrages s'élevait à plus de 80,000 rations , sous le régime des agences , régime bien connu , bien mis à profit par le citoyen Bernard , elle a été réduite, sous le ministère actuel , à moins de 40,000 , et que le service a été fait avec beaucoup plus d'exactitude.

Cette double économie sur les prix et les consommations , qui n'est due qu'aux mesures prises par le ministre , s'est étendue à tous les services ; il n'est pas jusqu'aux chauffages et lumières qui n'aient coûté, dans les mains des fournisseurs , cinq sixièmes de moins que dans celles des agences.

Ce sont là des vérités arithmétiques , auxquelles on invite le citoyen Bernard d'aller rendre hommage dans les bureaux de la guerre.

Sans doute tout ce qu'il y a de personnes instruites en administration , et sincèrement attachées à l'intérêt de leur patrie , ont vu , avec un déplaisir égal à celui que témoigne tardivement le citoyen Bernard, l'établissement de ces nouvelles compagnies de munitionnaires généraux. Elles avaient prévu et écrit avant lui, qu'un inconvénient inséparable d'une grande réunion de service dans les mains, sur-tout d'hommes la plupart sans fortune, sans crédit, sans moyens administratifs, serait l'épuisement du trésor public, le défaut de subsistances dans les armées ; et la nécessité, pour les entretenir, de renouveler le systême réquisitionnaire dans les pays qu'elles occuperaient ; mais ces mêmes personnes s'élevant à des idées plus générales que celles où s'absorbe le citoyen Bernard, ont considéré l'époque à laquelle le ministre a passé ces marchés ; elles ont reconnu que, dans un moment où l'ennemi semblait triompher de l'impuissance où il nous supposait de rouvrir une campagne qui a réuni tant d'utilité à tant de gloire, il fallait prouver à l'Europe que la France avait encore dans son sein des compagnies financières assez confiantes dans ses ressources, pour se charger d'alimenter les armées, et d'assurer le fruit de leurs précédens succès.

On ne peut disconvenir que ce but principal n'ait été parfaitement rempli.

Quelle est donc cette idée de défaveur que

le citoyen Bernard veut attacher à la moralité du ministre, par la considération du mauvais choix des individus qui composaient ces compagnies : pendant l'orage, le voyageur se met à couvert sous le premier abri qu'il rencontre. Qui ne sait d'ailleurs que les entours des hommes revêtus d'une grande portion d'autorité, déterminent nécessairement leur opinion sur des personnes qu'ils ne connaissent pas ? qui ne sait que souvent ces choix leur sont dictés par des hommes élevés au comble de la puissance, qui sont encore eux-mêmes plus exposés à être trompés.

Au reste, il n'est point de réputation d'homme public sur-tout ( et cette triste vérité est devenue triviale, depuis la révolution ) qui soit à l'abri de la malignité et de la calomnie ; mais leurs atteintes n'arrivent point au cœur de l'homme juste, qui ne pèse pas les choses au poids de l'intérêt et des passions, et qui consulte, avant de porter un jugement, les temps, les lieux et les circonstances. La probité du ministre Petiet est établie sur des bases trop solides pour qu'il ait rien à redouter de pareils juges.

Le citoyen Bernard a répété, d'après tous les bons esprits, que le seul moyen dont on puisse espérer de grandes économies, et de tarir la source des abus, c'est de mettre en entreprises partielles toutes les fournitures, par adjudications publiques au rabais; de ne les confier qu'à des hommes d'une moralité bien connue, moyennant un cautionnement suffisant ; enfin, d'établir , par des revues fréquentes, la masse des fournitures à faire dans chaque partie , afin de n'en payer que l'effectif , etc.

Ces idées n'ont rien de neuf ; c'est une règle d'économie domestique : on n'aurait jamais dû s'en écarter ; en l'oubliant, on a creusé l'abyme où s'est engloutie la fortune publique.

Il propose de confier ce plan de réformation *à un conseil d'administration* composé de quelques individus qui réunissent à une austère probité , des vues saines, beaucoup de justesse dans l'esprit , une grande facilité de concevoir.

Il convient que ces hommes sont extrèmement rares , mais il cherche à nous rassurer, en annonçant, comme Boileau, qu'*il en est jusqu'à trois que l'on pourrait nommer. Leur modestie lui fait un devoir de la discrétion* ; ces hommes précieux vivent dans la retraite, il faudrait les en arracher.

Au ton mystérieux dont le citoyen Bernard parle de son initiation dans la science administrative, on serait tenté de le comparer à ces humbles candidats qui, dans nos assemblées électorales, consultés par des gens de bonne foi sur les meilleurs choix à faire, indiquent tous les sujets, moins un, qu'ils laissent à deviner.

Sans vouloir pénétrer ce qu'il peut cacher de vues personnelles, et s'il ne sollicite pas un brevet d'invention, voyons quelles attributions il entend donner à ce conseil.

On doit l'autoriser à prendre une marche uniforme pour les marchés, à régulariser les services, à combiner et déterminer invariablement le *maximum* du prix annuel des fournitures, à établir les exceptions réclamées par les localités, à exiger des adjudicataires les qualités requises pour enchérir, à indiquer au comité de surveillance les stipulations frauduleuses qu'il ne pourrait autrement découvrir, à récupérer une partie de la fortune publique, qui s'anéantit tous les jours ; à utiliser les valeurs données aux fournisseurs, qui, dans l'état actuel, perdent plus des trois quarts, etc.

Il faut convenir que le citoyen Bernard fait un peu violence à la modestie de ses amis.

Dans cette latitude de pouvoirs, est-il un homme instruit de ce qui s'est passé, qui ne retrouve le germe de tous les abus auxquels la régie et la commission des approvisionnemens ont tour-à-tour donné naissance ?

N'avons-nous pas fait une assez funeste expérience, pour n'être pas très-défians contre
tout ce qui, sous une autre dénomination, pro-
duira inévitablement les mêmes résultats ?

La régie, personne ne l'ignore, a déprécié
les assignats par la hausse que ses agens avaient
intérêt de mettre aux fournitures ; cette dépré-
ciation a enfanté la loi du *maximum*, fléau qui
s'est attaché à toutes les propriétés particulières,
qui a produit tant d'iniquités, tant de haines,
tant de mesures révolutionnaires ; qui a fait en-
trer dans toutes les ames la plus vile cupidité, et
démoralisé, plus que toute autre cause, une foule
de jeunes gens nés pour la vertu.

Un cri universel s'éleva contre cette loi dé-
testable ; elle fut abrogée. La commission des
approvisionnemens, qui remplaça la régie, pouvait
soutenir encore très-long-temps le crédit du pa-
pier-monnaie, nos armées victorieuses s'éten-
daient de toutes parts sur le territoire ennemi,
qui leur fournissait d'abondantes ressources ;
c'est dans ce moment que la commission, loin
d'utiliser notre position, livra le trésor public
au gaspillage et aux vengeances de ses nombreux
agens, la plupart ennemis irréconciliables de
la chose publique : en moins de six mois, ils ont
dévoré, pour nous servir de l'expression vraie

d'un publiciste, *le passé, le présent et le futur ;*
ils ont précipité l'avilissement du papier-mon-
naie et consommé la ruine d'une foule de fa-
milles accoutumées à le regarder comme l'agent
nécessaire du nouvel ordre de choses, le garant
de leur existence.

Sans doute, aujourd'hui que la fortune publique
est presque anéantie, et qu'il ne reste plus qu'à gla-
ner dans le champ des abus, il ne serait pas possible qu'il en existât d'aussi coûteux ; mais un *conseil d'administration*, investi de l'autorité im-
mense dont parle l'auteur de la brochure ; aurait
toutes les facilités possibles de dissimuler le vérita-
ble état des armées et de leur consommation réelle ;
et bientôt, si ce n'était les membres de ce
conseil eux-mêmes, au moins leurs secrétaires,
leurs commis, leurs parens, leurs amis, sûrs de
cet expédient, ne tarderaient pas à se rendre,
sous des noms empruntés, adjudicataires de
toutes les fournitures.

L'établissement de ce conseil, sous le rapport
politique, aurait l'inconvénient grave de réduire
à rien la responsabilité du ministre.

Enfin, il est naturel de prévoir qu'il s'établi-
rait, entre le conseil et le ministère, une lutte de
passions qui tournerait au détriment de l'intérêt général.

Gardons-nous de ces variations continuelles qui déplacent les hommes sans améliorer les choses. Tâchons de tempérer cette vivacité nationale, qui exige de l'homme plus que de l'expérience, et d'un temps très-court ce qu'on ne peut obtenir qu'avec beaucoup de temps.

Bornons-nous, enfin, à opérer prudemment le peu de bien que comportent les circonstances.

Certes, dans un temps ordinaire, un temps de calme, les abus dont nous avons à nous plaindre n'auraient pu être tolérés ; mais dans une révolution aussi orageuse, au milieu d'une guerre telle que les annales d'aucun peuple n'en fournissent d'exemple ; sans solidité, sans finances, dans un gouvernement agité par les vacillations continuelles du législateur, vouloir qu'un ministre ait pu établir autre chose que l'ordre dans le désordre, c'est montrer ou beaucoup de mauvaise foi ou une grande ignorance.

Dans l'esprit de tout homme sans prévention, le ministre a fait tout ce qu'il était possible qu'il fît au milieu des événemens qui le pressaient.

Il faut bien se pénétrer de cette grande vérite : la perfection de l'économie n'appartient qu'à des temps heureux ; et d'ailleurs, ne sait-on pas que s'il est facile de blâmer, il est très-difficile de bien faire.

Dans les monarchies, on dit communément que les grands n'aiment pas leurs successeurs; dans les républiques, on n'aime pas les gens en place, parce qu'on a la prétention ouverte de leur succéder. Grâces à la régie, il ne manque plus aujourd'hui que des honneurs au citoyen Bernard; et s'il crie tant contre les dilapidations, c'est peut être une ruse semblable à celle de ce filou qui, en se sauvant, avait l'air de poursuivre quelqu'un, et criait au voleur.

THIERRY.

De l'Imprimerie de DESENNE, rue des Moulins, Butte Saint-Roch, n°. 546.